COMPRENDRE
LA LITTÉRATURE

MIXTE
Papier issu de sources responsables
Paper from responsible sources
FSC® C105338

SOPHOCLE

Œdipe Roi

Étude de l'oeuvre

© Comprendre la littérature.

22 rue Gabrielle Josserand - 93500 Pantin.

ISBN 978-2-75930-487-5

Dépôt légal : Septembre 2023

Impression Books on Demand GmbH

In de Tarpen 42

22848 Norderstedt, Allemagne

SOMMAIRE

- Biographie de Sophocle.. 9

- Présentation de *Œdipe Roi*.. 13

- Résumé de la pièce.. 17

- Les raisons du succès... 25

- Les thèmes principaux.. 29

- Étude du mouvement littéraire................................. 35

- Dans la même collection... 39

BIOGRAPHIE DE SOPHOCLE

Sophocle est l'un des trois grands tragédiens de la Grèce antique au côté d'Eschyle et d'Euripide, et un contemporain de Périclès. De nombreux éléments de sa vie nous sont parvenus malgré le passage du temps.

Il est né à Colone, près d'Athènes, en 496 ou 495 avant Jésus-Christ, dans une famille aisée, ce qui lui permet de recevoir la meilleure éducation, bien qu'il ait perdu son père très jeune. Il a seize ans au lendemain de la bataille de Salamine (480 avant J.-C.), et c'est à lui que revient l'honneur de conduire le chœur dédié à cette victoire. Il participe à de nombreuses reprises à la vie politique, durant le siècle de Périclès, et sa ferveur patriotique ne s'émousse jamais. De 443 à 442 avant J.-C., il est élu héllénotame (c'est-à-dire un des dix administrateurs du trésor fédéral), puis, en 440 avant J.-C., il prend part en tant que stratège à l'expédition de Périclès pour mater la révolte de Samos. En 415 avant J.-C., il est de nouveau stratège aux côtés de Nicias, contre la ville de Syracuse.

Parallèlement, il mène une carrière littéraire couronnée de succès. Eschyle, qui avait fait jouer *Les Perses* en 472 avant J.-C., était alors le plus grand poète tragique de la Grèce lorsqu'en 468 avant J.-C., Sophocle remporte le premier prix à la cérémonie annuelle des Dionysies, où sont notamment présentées des trilogies dramatiques. Celle de Sophocle contient une tragédie, *Triptolème*, qui ne nous est pas parvenue, mais lui vaut de battre Eschyle. Par la suite, ils restent concurrents, présentent leur pièces chaque année, mais jamais Sophocle ne descend en dessous de la troisième place. Il est également concurrencé par Euripide, qui remporte le premier prix en 441 avant J.-C. Il remporte en tout vingt-quatre victoires, record inégalé par Eschyle (treize fois vainqueur) ou Euripide (cinq fois).

Sur plus de cent vingt tragédies et drames satiriques, nous sont parvenus sept tragédies (*Ajax*, *Antigone*, *Électre*, *Œdipe*

Roi, *Les Trachiniennes*, *Philoctète* et *Œdipe à Colone*, son ultime pièce, représentée à titre posthume) et de longs extraits d'un drame satirique, *Les Limiers*. Grâce aux citations et mentions d'autres auteurs, on connaît également les titres de cent quatorze pièces, et l'on possède un très grand nombre de fragments, allant de quelques vers à de larges extraits. Sophocle a été ainsi un auteur extrêmement prolixe, inspiré à la fois par le premier des grands tragédiens, Eschyle, et l'épopée homérique.

La fin de sa vie est moins heureuse : en 431 avant J.-C., l'hégémonie d'Athènes est contestée par les autres cités, entraînant la guerre du Péloponnèse, au cours de laquelle Périclès meurt atteint de la peste qui frappe Athènes. De plus, ses héritiers, issus de sa femme légitime, Nicostrate, et son fils illégitime, Ariston (père de Sophocle le Jeune, qui s'essaya lui aussi à la tragédie) se disputent ses biens. Sophocle meurt extrêmement âgé (il était nonagénaire) en 406 avant J.-C., sans avoir connu le retour de la paix, car la guerre du Péloponnèse se termine en 404 avant J.-C..

PRÉSENTATION DE ŒDIPE ROI

La pièce fait partie de la trilogie thébaine de Sophocle, avec *Antigone* et *Œdipe à Colone*, et s'inspire du destin tragique de la famille des Labdacides.

Il avait été prédit à Laïos, roi de Thèbes, qu'il mourrait de la main de son propre fils. Aussi fait-il abandonner, pieds liés, le garçon que sa femme Jocaste vient de mettre au monde. Mais cet enfant est recueilli par le roi de Corinthe, Polybe, qui le nomme Œdipe, ce qui signifie « pieds enflés ». Œdipe grandit donc sans connaître sa véritable naissance, mais un oracle lui révèle qu'il sera le meurtrier de son père et épousera sa mère. Il décide alors de s'éloigner de ceux qu'il prend pour ses parents.

Sur la route qui mène à Thèbes, il croise son père Laïos, mais ni l'un ni l'autre ne se reconnaissent, et Œdipe le tue, à la suite d'un malentendu. Il délivre ensuite sa ville natale du Sphinx, « le monstre aux énigmes », et, devenu un héros, prend la place de l'ancien roi et épouse sa veuve, Jocaste, sa propre mère.

C'est ici que commence la pièce de Sophocle, alors qu'Œdipe, nouveau roi de Thèbes, est au sommet de sa gloire. Le lecteur qui connaît déjà le mythe sait, dès la première scène, qu'Œdipe, par son double crime, est l'homme qui a attiré la colère des dieux sur la ville. La pièce est une progressive prise de conscience du personnage, une désillusion, à mesure que l'enquête avance. Elle se termine sur l'acceptation du héros tragique de son destin et de son châtiment.

RÉSUMÉ DE LA PIÈCE

PROLOGUE (Œdipe, le prêtre, puis Créon)

La pièce s'ouvre sur un dialogue entre Œdipe, devenu roi de Thèbes, et un prêtre. Celui-ci vient quémander de l'aide au nom du peuple, car la Cité est rongée par une épidémie de peste dont le roi doit les délivrer en intercédant auprès des dieux.

Œdipe annonce qu'il a déjà agi en ce sens en envoyant son beau-frère, Créon, au sanctuaire de la Pythie pour écouter l'oracle d'Apollon.

Entre alors Créon, qui apporte la réponse : la peste a bien été envoyée par les dieux, pour punir Thèbes de sa souillure. Pour que l'épidémie cesse, il faut chasser les meurtriers et punir la mort de l'ancien roi Laïos assassiné sur les routes. Œdipe s'engage donc à laver la ville de sa souillure en punissant le coupable.

CHANT D'ENTRÉE DU CHŒUR

Le chœur, figurant la Cité sur scène, invoque les dieux pour que ceux-ci délivrent Thèbes de la peste. Ils évoquent également dans leur chant la ville torturée, déchirée par la maladie.

PREMIER ÉPISODE (Œdipe, le Coryphée, puis Tirésias)

Œdipe s'interroge encore sur l'auteur du régicide. Mais il annonce déjà quel sera son châtiment et interdit à quiconque de l'accueillir ou de lui parler (« vous devez tous l'écarter de vos maisons comme nous portant souillure »). Il s'engage aussi à subir lui-même ce châtiment, si par malheur il accueillait cet homme dans son foyer.

Le Coryphée annonce alors la venue de Tirésias, le devin aveugle, qui doit lui révéler l'identité du meurtrier. Alors qu'Œdipe, très impliqué dans cette enquête, le supplie à genoux de lui dire ce nom, Tirésias refuse obstinément. Ce n'est que lorsqu'Œdipe l'accuse de complicité que le devin lui révèle que le roi est le responsable de la souillure qui frappe la Cité.

Tout d'abord, Œdipe refuse de le croire et dénonce même son don de double vue qu'il invoquait avec ferveur auparavant. Puis il soupçonne un complot de Créon. Tirésias annonce alors quel sera son destin : « Jamais mortel ne sera le jouet d'un destin plus cruel que le tien. […] Avant ce soir, tu recevras le jour et le perdras. »

CHANT DU CHŒUR

Ce deuxième chant illustre l'incrédulité et la surprise du chœur, qui se refuse à croire, comme le roi, que le héros de Thèbes puisse être le meurtrier de Laïos.

DEUXIÈME ÉPISODE (Créon, le Coryphée, Œdipe, puis Jocaste)

Dans la première partie de l'épisode, Créon, qui a eu vent de l'accusation de son beau-frère, vient protester contre cette injustice. Œdipe se montre aussi sourd aux conseils dans cette scène qu'il s'est montré aveugle dans la précédente, et continue d'accuser Créon de complot, tandis que le Coryphée cherche à temporiser la situation.

Arrive alors Jocaste, reine de Thèbes, veuve de Laïos et épouse d'Œdipe. Elle tente de séparer les deux beaux-frères, et, avec le chœur, fait renoncer son époux à la sentence de mort ou d'exil. Mais Œdipe chasse Créon sans ménagement.

Comme Jocaste veut connaître la raison de leur querelle, son époux lui apprend les soupçons qui pèsent sur lui, à cause de Créon et de Tirésias qu'il traite de menteur. La reine lui fait alors un récit troublant : Tirésias avait prédit à Laïos qu'il serait tué par son fils, c'est pourquoi le roi avait fait abandonner l'enfant, les pieds liés, sur la montagne. Mais il fut néanmoins tué au croisement de deux routes, en pays étranger.

Œdipe commence alors à se troubler, car il se souvient avoir croisé et tué un voyageur avant d'arriver à Thèbes. Il raconte également qu'il a quitté ses parents, vivant à Corinthe, car on lui avait prédit qu'il tuerait son père et épouserait sa mère. Il demande à Jocaste de faire venir le seul témoin de la mort de Laïos, un serviteur de sa suite. Mais il comprend déjà que les oracles se sont réalisés.

CHANT DU CHŒUR

Ce troisième chant déplore le crime déshonorant, qui ne peut être réparé par aucune prière ni aucun sacrifice aux dieux.

TROISIÈME ÉPISODE (Jocaste, le Messager, le Coryphée, puis Œdipe)

Jocaste refuse de croire qu'Œdipe est le meurtrier de son précédent mari, et donc aussi son fils. Elle reçoit la visite d'un messager. Devant le roi de Thèbes, celui-ci annonce la mort de Polybe, roi de Corinthe et supposé père d'Œdipe. Le couple royal se réjouit donc, car l'oracle concernant Œdipe ne s'est pas réalisé. Mais le messager est porteur d'une autre nouvelle : Œdipe n'était que le fils adoptif de Polybe. C'est ce messager lui-même qui l'avait reçu des mains d'un esclave de Laïos, les pieds liés. Face à cette preuve accablante, Jocaste se désespère et le supplie de ne pas chercher plus loin.

Mais Œdipe s'entête et feint de croire que Jocaste ne veut l'empêcher de découvrir le secret de sa naissance que par vanité. Selon lui, Jocaste aurait peur qu'il soit le fils d'un simple paysan et que cette basse naissance soit révélée.

CHANT DU CHŒUR

Ce chant très court est un chant de grâce à Apollon.

QUATRIÈME ÉPISODE (Œdipe, le Coryphée, le Messager, le Serviteur)

Le messager amène l'esclave de Laïos devant Œdipe, qui l'interroge. Sachant qui est le roi en réalité, le serviteur ne veut rien dire de l'enfant qu'il a autrefois donné au messager. Il finit par révéler la vérité au roi de Thèbes. Il est le dernier à accuser de vive voix Œdipe d'être le meurtrier de Laïos et un époux contre nature. C'est alors seulement que celui-ci reconnaît la vérité et déplore son malheureux destin.

CHANT DU CHŒUR

Le chœur chante ici le destin versatile, qui avait couvert de gloire Œdipe au début de sa vie et s'abat à présent sur lui de la façon la plus cruelle qui soit.

DERNIER ÉPISODE (un Messager, le Coryphée, Œdipe, Créon)

Un messager porteur de funestes nouvelles annonce la mort de la reine Jocaste, horrifiée par l'inceste, qui s'est pendue dans sa chambre. Il raconte ensuite qu'Œdipe s'est emparé des épingles de sa robe et les a utilisées pour se crever les yeux.

Lorsque celui-ci arrive, il affirme sa résolution de se bannir lui-même, suivant la sentence qu'il avait prononcée au début de la pièce. Œdipe ne veut pas mourir, car il n'oserait pas se présenter devant Hadès et ses parents aux Enfers : il choisit donc l'exil.

Arrive alors Créon, qu'il supplie de donner une sépulture décente à Jocaste et de veiller sur ses filles. Il lui souhaite ensuite un meilleur destin que le sien, ce qui annonce la pièce suivante du cycle thébain et la tragédie qui frappa Créon et les enfants d'Œdipe.

LES RAISONS
DU SUCCÈS

On situe la première représentation d'*Œdipe roi* entre 430 et 415 avant J.-C. La pièce a souvent été décrite comme le modèle parfait du genre tragique. Aristote en fait d'ailleurs son exemple principal de tragédie dans sa *Poétique*. Cela permet ainsi à la pièce de traverser les âges, puisque, comme on sait, cette œuvre du philosophe grec fut considérée en France dès le XVIᵉ siècle comme l'ouvrage critique de référence posant les règles du genre tragique. Par la suite, ce genre tragique devient au siècle classique le plus noble des genres théâtraux.

Œdipe roi est donc le chef-d'œuvre de Sophocle et reste encore aujourd'hui l'une de ses pièces les plus connues. La tragédie met en scène l'ironie tragique qui fait d'Œdipe, meurtrier régicide, époux de sa mère et donc père de ses demi-frères et sœurs, l'homme chargé de se traquer lui-même. Le nouveau roi de Thèbes, encore inconscient de ses actes criminels, entache par sa simple présence la ville d'une souillure indélébile qui provoque la colère des dieux. Or, en tant que souverain, il se doit de trouver et de châtier le citoyen responsable de cette souillure, c'est-à-dire lui-même.

Sigmund Freud fera de cette victime du destin une figure universelle, puisqu'il utilise le mythe œdipien pour étayer sa théorie psychanalytique du complexe d'Œdipe, selon laquelle tout enfant porte en lui une attirance pour sa mère, et donc le désir de supprimer son rival, le père (et inversement pour les filles). Depuis le XIXᵉ siècle jusqu'à aujourd'hui, cette théorie connut un immense succès et suscita un intérêt nouveau pour le cycle œdipien, ainsi que de nombreuses études littéraires, mais aussi surtout psychanalytiques et psychologiques.

Enfin, la tragédie de Sophocle connut de nombreuses réécritures qui lui confèrent le rang de mythe, parmi lesquelles on peut citer un *Œdipe* de Pierre Corneille, pièce datée de 1659, un autre de Voltaire (1718) et un troisième d'André Gide (1930). Il faut également rappeler une de ses plus célèbres réécritures, *La Machine infernale* de Jean Cocteau, en 1934, qui raconte l'histoire d'Œdipe depuis son arrivée à Thèbes et sa rencontre avec le Sphinx à la découverte de son crime et à son départ, aveugle et mendiant, en compagnie d'Antigone. *Œdipe Roi* a également fait l'objet d'autres réécritures, par le compositeur Igor Stravinski, par exemple, qui en a fait un opéra (*Œdipus Rex*, en 1927), ou encore par l'écrivain et cinéaste Pier Paolo Pasolini, réalisateur du film *Œdipe Roi*, en 1967.

LES THÈMES PRINCIPAUX

La pièce se présente en quelque sorte comme une enquête policière, une enquête menée par le meurtrier lui-même. Œdipe apprend que la peste qui ravage Thèbes est une malédiction des dieux causée par la présence d'un régicide en ses murs. Il jure alors de délivrer Thèbes de cette souillure en châtiant le meurtrier du roi Laïos. Il va entendre l'oracle d'Apollon, plusieurs témoins, en interroger d'autres. Toute l'intrigue repose donc sur la progressive découverte du meurtrier par le roi de Thèbes. Cependant, le spectateur, qui connaît le mythe, sait déjà, comme tous les autres personnages de la pièce, ce qu'Œdipe est le seul à ne pas voir : il est en réalité le meurtrier qu'il recherche.

La thématique principale de la pièce porte donc sur l'ambivalence entre obscurité et lumière, et sur l'aveuglement en général. Œdipe est ainsi celui qui ne voit pas et qui a besoin qu'on lui ouvre les yeux tout au long de la pièce. Par opposition à ce personnage, le devin Tirésias est aveugle mais clairvoyant et détient toutes les clefs du mystère, puisque c'est lui qui a prononcé la prophétie condamnant Œdipe à tuer son père et à épouser sa mère. Paradoxalement, c'est lui qui ouvrira les yeux du héros : il est le premier à lui révéler clairement qu'il est le meurtrier, ce qu'Œdipe ne peut entendre, à ce stade de la pièce. L'acceptation de la vérité vient à la fin. On remarque également qu'Œdipe est le seul personnage à ne pas comprendre cette situation, et que tous les autres semblent savoir et ne pas vouloir lui révéler la vérité, y compris la reine Jocaste qui, au cours du troisième épisode, le supplie de cesser ses recherches, comme si elle était capable d'ignorer le crime tant qu'il n'a pas été révélé au grand jour. Enfin, comme Tirésias l'avait annoncé (« avant ce soir, tu recevras le jour et le perdras »), Œdipe reçoit la vérité en devenant aveugle, et se crève les yeux en prenant réellement conscience de son infamie : « Oh !… Oh !… comme tout est clair à présent… Ô lumière du jour, puissé-je, à cette heure, tourner vers toi mes derniers regards ! Tel, moi-même, je me suis dévoilé : enfant indésirable, époux contre nature, meurtrier contre nature ! » (quatrième épisode).

La tragédie se présente donc comme un jeu de miroir entre aveuglement physique et psychologique, avec l'idée qu'il faut mourir au jour terrestre pour entrevoir les réalités célestes, comme Tirésias : il faut aveugler le corps pour que l'âme devienne clairvoyante.

La pièce de Sophocle met en place, en outre, une situation inextricable et une profonde ironie tragique.

Le crime le plus odieux a été perpétré. Non seulement Œdipe a commis un parricide, mais aussi un régicide, et, de plus, il a épousé sa mère et en a eu quatre enfants. Et cela par un enchaînement de hasards malheureux, puisque tout avait été tenté par Laïos et Jocaste pour empêcher la première prophétie de se réaliser. Le premier malheur du héros est donc de ne pas savoir qui sont ses vrais parents, puisqu'il n'aurait pas tué son père ni épousé sa mère s'il les avait connus. La révélation du mystère de son identité est donc capitale pour la pièce. La plus grande ironie réside néanmoins dans l'acharnement du personnage à chercher le meurtrier de Laïos, alors que tous les autres personnages refusent de coopérer (Tirésias, Jocaste, le serviteur dans le quatrième épisode, etc.). C'est Œdipe qui motive l'action, qui s'ingénie à chercher, à rappeler des témoins oubliés, pour faire la lumière sur l'affaire. Le destin continue donc de s'acharner sur lui. Et, surcroît d'ironie, Œdipe va même jusqu'à détailler le terrible châtiment qu'il réserve à l'assassin, dans le premier épisode.

Cette punition s'avère être épouvantable : le criminel doit être écarté de toute loi, mis au ban de la Cité, ce qui revient à renier son statut d'être humain, puisqu'aucun homme n'existe en dehors de sa communauté dans la Grèce Antique. Cette forme de bannissement fait donc du criminel non seulement un être maudit, mais aussi un animal, placé hors de l'humanité (« vous devez tous l'écarter de vos maisons comme nous portant souillure »).

Œdipe Roi se révèle donc être un exemple parfait de la tragédie, mettant en scène un destin ironique et sans appel, qui fait d'un homme inconscient de ses actes un être souillé par le pire crime qui soit, et qui remplit bien ses fonctions cathartiques, en mettant en scène la purification d'une Cité.

ÉTUDE DU MOUVEMENT LITTÉRAIRE

Sophocle est un des plus grands tragédiens de la Grèce classique. Il écrit ses pièces en l'honneur des Dionysies, qui sont l'occasion de véritables festivals de théâtre où l'on représente différentes pièces concurrentes.

La représentation théâtrale avait lieu à cette époque en plein air : la scène se trouvait à hauteur du sol, tandis que des gradins s'élevaient en arcs de cercle. Les acteurs jouaient tous avec des masques représentant chacun un type (la jeune fille, le vieillard, le jeune homme, etc.), et bien sûr, les rôles féminins étaient assurés par des hommes.

On note également la présence d'un chœur et d'un Coryphée, le chef de ce chœur. Ces deux instances jouent un rôle essentiel dans la tragédie grecque, puisqu'ils représentent la Cité, et sont donc les représentants des spectateurs assis sur les gradins. Ils sont présents à tous moments de la tragédie et peuvent s'adresser aux personnages mais aussi commenter la pièce, faire des allusions à l'actualité ou au passé et à la mythologie. En règle générale, ils servent de « liaison » : tout d'abord entre les personnages et le public, pour lequel ils commentent les évènements ou rappellent des faits antérieurs. Ils assurent également la relation entre les personnages et les dieux, qui sont généralement peu représentés chez Sophocle (par exemple, dans *Œdipe Roi*, on ne fait que mentionner Apollon et son oracle. Leurs paroles sont rapportées par des témoins et ils ne sont jamais présents sur scène). Enfin, les dieux apparaissent surtout dans les chants du chœur, ou dans les prédictions d'un oracle ou d'un devin. Parfois ces deux instances transmettent un avertissement, parfois elles se font la voix de la destinée en annonçant au public ce qu'il adviendra de tel personnage lorsqu'il entre ou sort de scène. Elles permettent de faire des transitions entre les épisodes, en annonçant l'entrée ou la sortie d'un personnage, ou en racontant tout ce qui concerne le hors scène.

Le fait que le chœur représente la Cité n'est d'ailleurs pas anodin. Car la tragédie a pour vocation de purifier les mœurs, selon *La Poétique* d'Aristote, et doit donc avoir pour sujet un thème connu de tous (d'où le recours à la mythologie), et dont on peut tirer une morale universelle. Le théâtre grec a donc une vocation fortement politique et religieuse, d'autant qu'il se déroule lors de cérémonies religieuses et qu'il est ainsi un évènement public et civique (il n'existe pas de représentations privées dans la Grèce antique).

Toutes ces spécificités du théâtre grec antique se retrouvent dans l'*Œdipe Roi* de Sophocle, qui comporte en outre une dimension très humaine : les dieux ne sont représentés que par la peste qui ravage Thèbes et par l'oracle rapporté. De plus, le héros est une véritable incarnation de l'homme frappé par la fatalité et l'ironie du destin, donc une parfaite figure de bouc émissaire, première fonction de la tragédie antique.

DANS LA MÊME COLLECTION
(par ordre alphabétique)

- **Anonyme**, *La Farce de Maître Pathelin*
- **Anouilh**, *Antigone*
- **Aragon**, *Aurélien*
- **Aragon**, *Le Paysan de Paris*
- **Austen**, *Raison et Sentiments*
- **Balzac**, *Illusions perdues*
- **Balzac**, *La Cousine Bette*
- **Balzac**, *La Femme de trente ans*
- **Balzac**, *Le Colonel Chabert*
- **Balzac**, *Le Lys dans la vallée*
- **Barbey d'Aurevilly**, *L'Ensorcelée*
- **Barbey d'Aurevilly**, *Les Diaboliques*
- **Bataille**, *Ma mère*
- **Baudelaire**, *Les Fleurs du Mal*
- **Baudelaire**, *Petits poèmes en prose*
- **Beaumarchais**, *Le Barbier de Séville*
- **Beaumarchais**, *Le Mariage de Figaro*
- **Beauvoir**, *Mémoires d'une jeune fille rangée*
- **Beckett**, *En attendant Godot*
- **Beckett**, *Fin de partie*
- **Brecht**, *La Noce*
- **Brecht**, *La Résistible ascension d'Arturo Ui*
- **Brecht**, *Mère Courage et ses enfants*
- **Breton**, *Nadja*
- **Brontë**, *Jane Eyre*
- **Camus,** *L'Étranger*
- **Carroll**, *Alice au pays des merveilles*
- **Céline**, *Mort à crédit*

- **Céline**, *Voyage au bout de la nuit*
- **Chateaubriand**, *Atala*
- **Chateaubriand**, *René*
- **Chrétien de Troyes**, *Perceval*
- **Cocteau**, *La Machine infernale*
- **Cocteau**, *Les Enfants terribles*
- **Colette**, *Le Blé en herbe*
- **Corneille**, *Le Cid*
- **Crébillon fils**, *Les Égarements du cœur et de l'esprit*
- **Defoe**, *Robinson Crusoé*
- **Dickens**, *Oliver Twist*
- **Du Bellay**, *Les Regrets*
- **Dumas**, *Henri III et sa cour*
- **Duras**, *L'Amant*
- **Duras**, *La Pluie d'été*
- **Duras**, *Un barrage contre le Pacifique*
- **Flaubert**, *Bouvard et Pécuchet*
- **Flaubert**, *L'Éducation sentimentale*
- **Flaubert**, *Madame Bovary*
- **Flaubert**, *Salammbô*
- **Gary**, *La Vie devant soi*
- **Giraudoux**, *Électre*
- **Giraudoux**, *La Guerre de Troie n'aura pas lieu*
- **Gogol**, *Le Mariage*
- **Homère**, *L'Odyssée*
- **Hugo**, *Hernani*
- **Hugo**, *Les Châtiments*
- **Hugo**, *Les Contemplations*
- **Hugo**, *Les Misérables*
- **Hugo**, *Notre-Dame de Paris*
- **Huxley**, *Le Meilleur des mondes*
- **Jaccottet**, *À la lumière d'hiver*
- **James**, *Une vie à Londres*

- **Jarry**, *Ubu roi*
- **Kafka**, *La Métamorphose*
- **Kerouac**, *Sur la route*
- **Kessel**, *Le Lion*
- **La Fayette**, *La Princesse de Clèves*
- **Le Clézio**, *Mondo et autres histoires*
- **Levi**, *Si c'est un homme*
- **London**, *Croc-Blanc*
- **London**, *L'Appel de la forêt*
- **Maupassant**, *Boule de suif*
- **Maupassant**, *Le Horla*
- **Maupassant**, *Une vie*
- **Molière**, *Amphitryon*
- **Molière**, *Dom Juan*
- **Molière**, *L'Avare*
- **Molière**, *Le Malade imaginaire*
- **Molière**, *Le Tartuffe*
- **Molière**, *Les Fourberies de Scapin*
- **Musset**, *Les Caprices de Marianne*
- **Musset**, *Lorenzaccio*
- **Musset**, *On ne badine pas avec l'amour*
- **Perec**, *La Disparition*
- **Perec**, *Les Choses*
- **Perrault**, *Contes*
- **Prévert**, *Paroles*
- **Prévost**, *Manon Lescaut*
- **Proust**, *À l'ombre des jeunes filles en fleurs*
- **Proust**, *Albertine disparue*
- **Proust**, *Du côté de chez Swann*
- **Proust**, *Le Côté de Guermantes*
- **Proust**, *Le Temps retrouvé*
- **Proust**, *Sodome et Gomorrhe*
- **Proust**, *Un amour de Swann*

- **Queneau**, *Exercices de style*
- **Quignard**, *Tous les matins du monde*
- **Rabelais**, *Gargantua*
- **Rabelais**, *Pantagruel*
- **Racine**, *Andromaque*
- **Racine**, *Bérénice*
- **Racine**, *Britannicus*
- **Racine**, *Phèdre*
- **Renard**, *Poil de carotte*
- **Rimbaud**, *Une saison en enfer*
- **Sagan**, *Bonjour tristesse*
- **Saint-Exupéry**, *Le Petit Prince*
- **Sarraute**, *Enfance*
- **Sarraute**, *Tropismes*
- **Sartre**, *Huis clos*
- **Sartre**, *La Nausée*
- **Senghor**, *La Belle histoire de Leuk-le-lièvre*
- **Shakespeare**, *Roméo et Juliette*
- **Sophocle**, *Antigone*
- **Steinbeck**, *Les Raisins de la colère*
- **Stendhal**, *La Chartreuse de Parme*
- **Stendhal**, *Le Rouge et le Noir*
- **Verlaine**, *Romances sans paroles*
- **Verne**, *Une ville flottante*
- **Verne**, *Voyage au centre de la Terre*
- **Vian**, *J'irai cracher sur vos tombes*
- **Vian**, *L'Arrache-cœur*
- **Vian**, *L'Écume des jours*
- **Voltaire**, *Candide*
- **Voltaire**, *Micromégas*
- **Zola**, *Au Bonheur des Dames*
- **Zola**, *Germinal*
- **Zola**, *L'Argent*

- **Zola**, *L'Assommoir*
- **Zola**, *La Bête humaine*
- **Zola**, *Nana*
- **Zola**, *Pot-Bouille*